Heidelinde Helene Weber

Hanna auf der Sonnenbrücke

Meine Seele schreibt für meinen Mann Toni, meine Kinder und ihre Partnerinnen Daniela, Sonja, Christiane, Wolfgang, Annika, Michael, Kasia, für meine Enkelkinder Hanna, Lena und für alle die noch kommen……

…und für viele andere Menschen

Ich möchte von Herzen danke sagen
meiner Freundin Antje, meiner Tochter Christiane und meinem Mann Toni für ihre Mithilfe.

Besonderen Dank auch an Daniel Vogel,
der das Cover mit so viel Liebe gestaltet hat.

Vorwort

Brücken

...schon tausendmal gelesen und gehört...

Ein uraltes Thema... und auch ein total aktuelles...
Ohne Brücken zu bauen würd doch nichts funktionieren ...oder nicht viel...

Zwischen verschiedenen Kulturen, Religionen, Konfessionen, Jung und Alt, Machthabern und Notleidenden, Arroganten und Zurückhaltenden, Oben und Unten, Hinten und Vorn, Groß und Klein...Laut und Leise... Zwischen menschlichen und unmenschlichen Beziehungen....

Ein Erfolg ist nicht garantiert, aber ein Versuch allemal wert.

Brückenbauen, eine Notwendigkeit in unserem Leben, um eine Zukunftsperspektive für uns alle in unserer Verschiedenheit zu schaffen...

Ich kann auf EINER Seite einer Brücke stehen mit meinem festgemauerten Standpunkt, vielleicht auf einem Sockel. Ich steh zwar sicher, aber ich kann mich nicht bewegen. Eine Bereicherung durch meine Erlebnisse und Erfahrungen will sich aber bewegen, vorwärtsgehen... vielleicht sogar mit anderen Standpunkten überschneiden...

Nicht das Ankommen auf der anderen Seite ist das Wesentliche, das Spannende spielt sich AUF der Brücke ab.

Individuelle Brücken bauen, wie aufregend, mein Schubladendenken am Ufer ablegen und AUF der Brücke beobachten, wie alles fließt, denn auf der Brücke kann ich ÜBER allem stehen. Großartige Möglichkeiten können sich eröffnen beim Zurück- und Vorwärtsschauen, Verabschieden und Willkommen heißen.

... und mich treibt auch die Neugier...was ist los, da drüben?

Heidelinde Helene Weber

Inhalt

Hanna sucht die Brücken

alt - jung

Die Alten haben Falten...	7
Glattgebügelt..	7
Rentnerzeit...	7
Was will die uns denn sagen?......................................	8
Woher kommt es nur?..	9

evangelisch – katholisch

Doch ich bin nicht der Fahrer.......................................	9
I glaub, onsre Türen di klemmat..................................	11
Frauen einfach übersehen...	10
Aufstehen, knien, sitzen, stehen..................................	12
Das Kirchenspiel...	12
Das Missverständnis...	13
Ich ben Beides..	15
Ein Herz für Priester und Priesterinnen.......................	15
Lass sie reden..	16
Ein Gockel oder ein Huhn?...	18
Pst, sei still (ein Lied)..	18
Stellvertreter Gottes..	20
Du willst doch, dass ich fröhlich bin............................	20

homo – hetero

Ich bin empört...	20

ich – andere

Ist das so schwer?..	23
Nach den Bedürfnissen des andern hat Franz v. Assisi einst gefragt...	23
Theater, Theater...	24
Wir wollen Friedensboten sein?..................................	26

Mann – Frau

Du wirst staunen..	26
Wenn dann der Mann zu Hause ist......................................	28
Das besondere Paar..	29
Ein Frauenschwarm...	29
Emanzipation...	31
Ich bin ab und zu ein renitentes Weib.................................	31
Mal auf laut!..	32
Manche wollen es so...	32
Nehmt euch an der Hand...	34
Partnerschaft...	34
Überhaupt nicht da..	34
Wenn ich nun wirklich gleich sein will?................................	34
Zum Frauenhaus...	35
Zum Mobiliar...	37

Tradition – Neues

Das Gewohnte...	37
Ja nix verändern..	37
Ein hartnäckige Frau...	38
Der Philosophenpfad...	39
…und wenn die Schublade..	39

Hanna findet die Brücken

alt - jung

Auf Augenhöhe..	42
Mein Regenbogen – Lied...	42
Leihgaben...	43
Wie gut, dass es junge Menschen gibt................................	43
Zwanzigmal so schlau...	44

Glauben

Wo kommen die Ideen her?...	44
…ich hab dich nicht erkannt..	45
Auch, wenn der Hahn kräht...	49

Viel später erst als Geschenk erkannt...	49
Dann liebe ich..	49
Engel müssen Flügel haben...	51

homo - hetero

Nach einer Fernseh – Diskussion über Anderssein, unter anderem über Homosexualität..	53

ich - andere

Lieber selber bauen...	55
Beobachtungen im Zugabteil..	55
Die „Utomenica"..	56
Gedanken zum Weltuntergang...	56
Und wir brauchen sie doch...	57
Ich bin...	58
Schmetterling..	58
…ich bin dran...	59
Für Sumaya...	59
Auch nicht recht verstanden..	61

Mann - Frau

Wir gehen Hand in Hand..	64
Deine Wahrheit...	64
Der Schlüssel..	65
Die Liebe wird nie müde..	65
Geschmückte und andere Gassen..	66
In strahlenden Augen..	67
Liebe mit Zukunft - kein Märchen..	67
Nur wir..	68
Unsre Seelen sind verwandt..	68
Wie's mir gefällt..	71

Tradition - Neues

Wenn die Richtung stimmt...	71
Wie jetzt ?..	72
Märchenstunde...	74
Wirf die Tische wieder um (ein Lied)...	77
Ich habe meinen Schatz versteckt..	77

Hanna sucht die Brücken

alt - jung

Die Alten haben Falten

Die Alten haben Falten im Gesicht
Die Jungen nicht.
Warum stören denn Falten
die meisten der Alten?

Sind sie doch Spuren und Strahlen
aus vergangenen Tagen
haben vieles gesehen
von vergangenem Geschehen

Die Tage sind vorüber
die Spuren bleiben über.
Drum seid sicher, ihr Alten,
es sind Strahlen nicht Falten.

Habt keine Angst und ärgert euch nicht
Sondern strahlt weiter übers ganze Gesicht.

Glattgebügelt

Wenn das Gesicht ganz faltenfrei, kann es nichts erzählen
Die Spuren, die Geschichten schreiben, sind verloren, fehlen

Was habt ihr denn da liften lassen? Die eigene Vergangenheit?
Schade drum, denn glattgebügelt wird so eure beste Zeit.

Rentnerzeit

Bis zur Rentnerzeit
ist's noch so schrecklich weit
da hat's noch ewig Zeit

das ganze Leben eben

dazwischen bist du dann mal schon
auf Halb-Pension

und plötzlich, so glaubt man
ist sie ganz nah
und auf einmal da

und du lebst heut
in der Rentnerzeit

es ist so weit, du hast endlich überhaupt keine Zeit

Was will die uns denn sagen?

Die kommt aus einem kleinen Dorf,
will sich ans Mikro wagen,
was hat die von der Welt gesehen
was will die uns schon sagen?

Ich melde mich und ich gehe vor
ich habe hier was zu sagen
Ich erzähle von meinem Leben
Und aus vergangenen Tagen

Habe viel erlebt und viel gesehen
Kulturen, die euch fremd
Habe Kinder geboren in Afrika
War in Oasen, die keiner hier kennt

Ich habe im Bazar gehandelt,
und bin durch Moscheen gewandelt,
ich war in Indien im Tadsch Mahal
in Slums und im 5 Sterne Lokal.

Ich bin auf Kamelen durch die Wüste geritten
habe auf Arabisch mit Beduinen gestritten
bin von Ägypten nach Deutschland gefahren
7 mal in 7 Jahren

Ich komme aus einem kleinen Dorf
Und habe trotzdem was zu sagen

Ich könnte euch noch mehr berichten
Und antworte gerne auf eure Fragen

Woher kommt es nur?

Erziehung gemeistert,
Eltern begeistert
Kinder nicht so sehr,
wollen anderes mehr
Sie werden aufmüpfig und frech,
so ein Pech

Woher kommt es nur?
Es war Erziehung pur
Alles korrekt und jetzt kein Respekt?
Alles gekauft, jetzt Haare gerauft
Eltern verstehen es nicht,
übten doch so viel Verzicht

Schon mal dran gedacht,
dass sie was falsch gemacht?
Die Eltern waren oft fort,
es fehlte das klare Wort
Respekt und Klarheit,
was ist die Wahrheit?

evangelisch – katholisch

Doch ich bin nicht der Fahrer

Es ist doch klar, man sieht es ihrer Nasenspitze an
Ob sie katholisch oder evangelisch, sagt man
Doch, liebe Leut, ich sag euch heut, da hat sich mancher schon geirrt
Und war dann hinterher doch sehr verwirrt

Denn ich kann ganz kath. backen und ev. mein Gesicht verziehn
Lang auf dem Hintern ev. sitzen und sportlich auch kath. aufstehn, sitzen, knien
Kann ev. Eintopf kochen nach kath. Rezept
Und trink dazu ein Gläschen Wein

Das darf, so wie mir grade ist
Auch aus dem Ökumene – Fläschchen sein

Wenn ich mich ärger über Protestanten
Bin ich so richtig froh, dass ich katholisch bin
Und wenn mich die dann wieder ärgern
Freu ich mich, dass ich evangelisch bin

Will ökumenisch Gas oft geben und muss katholisch bremsen dann
Die Scheibenwischer auf Hochtouren laufen
Damit ich evangelisch überhaupt noch durchsehn kann

Ich kann kath. sitzen, ev. knien
Mit beiden Beinen auf der Erde stehn
Kann ev. Tretboot fahren und ganz kath. über Brücken gehn

Es macht uns glaubwürdig und stark, wenn wir zusammenhalten
Eine lebendige Gemeinde sind, wir schöpfen Neues aus dem Alten
Und plötzlich weht ein frischer Wind
Wir können vieles voneinander lernen, an Ritualen und auch am Gestalten
Am Neuen ausprobieren und am wertvoll Alten ganz festhalten

Ich würd gern ökumenisch Kutsche fahren, die Zügel halten, Brr. Galopp
Durch bunte Blumenwiesen sausen
Und, wenn es sein muss, sage ich dann Halt und Stopp

Doch, ich bin nicht der Fahrer, der Bestimmer
Ich gebe Gott die Zügel in die Hand
Das richtige Tempo, das weiß er nur
Und führt uns sicher in ein Wunderland.

Frauen einfach übersehen

Katholische Priester sind überfordert, gehetzt
Warum werden die Pfarrstellen nicht besser besetzt?
Das ist von der Institution nicht richtig
Deshalb ist es uns so wichtig,
für sie zu streiten, ihnen beizustehen
Briefe zu schreiben, Druck zu betreiben
Und nach zu fragen, warum das so ist,
dass die katholische Kirche die Frauen vergisst.

Wer kann denn das schon verstehen,
die Frauen werden einfach übersehen.
und ignoriert, was das Priesteramt betrifft.
Da tut man so, als gäbe es sie nicht,
sich vor Frauen am Altar so zu zieren
heißt letztlich doch enorm viel zu verlieren.
Wären sie als Diakonin und Pfarrerin eingesetzt,
wären katholische Priester nicht überfordert, gehetzt.

I glaub, onsre Türa, dia klemmat

I glaub, onsre Türa, dia klemmat, dia henn manchmol a roschtigs Scharnier
Mr sott se dringend mol öla, des isch nötig, was moinat ihr?
I glaub, dass dia richtig klemmat, des liegt net bloß am Scharnier
I moin, mr sotts oifach mol ganz aushänga, des wär schee, des macha mir

Es gibt dicke, schwere Türa, dia senn scho jahrtausende alt
Dia ghörat dringend abgschliffa ond mit Regabogafarba aagmalt
Ond d Fenster sott mr wieder mol ganz aufmacha
Dass frische Luft reikommt, älla durchschnaufa könnat
ond mol wieder richtig lacha

Mir könntat mol was probiera, i glaub, des klappt auf jeden Fall
Mir tauschet oifach onsre Schlüssel aus, vielleicht passat se überall
Mir brauchat viel breitere Türa, dass sich jeder eiglada fühlt
Ond, wo er herkommt ond wer er isch, dass des oifach koi Roll mehr spielt

Mir brauchat viel breitere Türa, dann kommat au älle rei
Mir sitzat zamma ond schwätzat mitnander, a Riesafest könnts sei
Noo tät koi Tür mee klemma, noo könnt vieles laufa, wie gschmiert
Des könnt oifach wunderschee sei, denn mir hättats dann endlich kapiert

Wenn sich die Veränderung verändert
Ist trotzdem nichts wie vorher

Du wirst keinen Menschen auf der Welt finden
Der kein Ausländer ist

Aufstehen, knien, sitzen, stehen

Aufstehen, knien, sitzen, stehen
sitzen, stehen, nach vorne gehen
Beugen, strecken, knien, sitzen,
langsam fang ich an, zu schwitzen
Nein, ich bin gewiss nicht krank,
ich sitze in der Kirchenbank
Nein, ich kann nicht mit dir gehen,
ich muss grade knien, stehen.
Und alle haben mitgemacht,
wer hat sich das nur ausgedacht?
Am Sonntag dürfen wir um zehn
wieder aufstehen, knien, geh'n ....

Das Kirchenspiel

Eins, zwei, drei, das Kirchenspiel
Priestermangel, viel zu viel
Was die Kirche alles kann,
Priester dürfen doppelt ran

Würde darf man nicht verletzen,
doch von A nach B sie hetzen
Die Spielregeln sind nicht fair,
Priestersteine gibt's nicht mehr

Wir spielen dann die neuen Spiele,
Ehrenämtler gibt es viele
Bunte Steine, allerlei,
Frauen, Männer sind dabei
Wir wollen uns nicht beschweren,
die Zeit wird uns was lehren.

Denn schließlich ist es unser Spiel,
Unser Weg zu unserm Ziel
Wir werden selber starten
Nicht auf Spielstart – Karten warten.

Das Missverständnis

Zum himmlischen Brote
sind alle geladen

das hat unser Bruder
Herr Jesus gesagt

ich habe mich deshalb
oft schon gefragt

warum das so anders
gehandhabt wird,

hat sich bei der Ausführung
nicht jemand geirrt?

wie kann denn zum einen man sagen
du darfst

zum andern dagegen
du darfst nicht

Das muss doch ein riesiges
Missverstehen sein

das manchen verweigert
das Brot und den Wein

Wird das sich erst klären
in anderen Sphären?

so wie ich die Worte des Herrn verstehe
ist klar
Brot und Wein ist genügend
und für alle da.

Wanderer

Ich ben Beides

Beides kenna, beides schätza, was will mr no mee?
I ben evangelisch ond katholisch
Ond find des richtig schee

I glaub, dr liebe Gott, der hot ons so verschieda gmacht
Dass mr net eischloft sondern emmer wieder aufwacht

Guckat naa ond hörat zua
Ond warom ond überhaupt
Wo wer aufgwachsa isch
Ond warum er wie, was glaubt

Jeder hot wohl seinen Grund,
dass er so isch, wie er isch
verzählats euch ond sitzat mitnander om da Tisch
Ond senn mit eure Vorurteil net emmer schnell drbei
Machat eure Schublada auf, auch dia klemmat fei

Keiner muss sich verbiega, nur schwätza sott mr halt
viel vonanander lerna, wer schwätzt, der schnallt des bald.

Mir senn Werkzeuge Gottes, guckat doch mol naa
Wichtig isch, dass mr ons älle auch immer braucha kaa
Wie wunderbar hot unser Schöpfer ons gmacht
Guckat ond no seht ihrs. Es isch a wahre Pracht.

A Überraschungspaket isch jeder, machats doch amol auf
Aussa stoht leider manchmol ebbes andres drauf.
Weg mit dem dicka Packpapier ond dicke Knota aufmacha
Ond älles, was ihr dann entdeckat, senn wunderbare Sacha

Wie gsagt
I glaub, dr liebe Gott, der hot ons so verschieda gmacht
Dass mr net eischloft sondern emmer wieder aufwacht

Ein Herz für Priester und Priesterinnen

Wie schön, wenn's außer Priestern auch Priesterinnen hätt
Dafür ist's in unsrer Kirche noch immer nicht zu spät

Ach, Kirchenleitung, sieh doch ein, sei bitte nicht so stur
Du bist zur Zeit nicht ausgeglichen, 'ne Männerclique nur

Die Frau ist für Jesus so viel wert wie der Mann,
er zeigt, dass man respektvoll mit ihr umgehen kann

Eine Frau kann sicher die Gemeinde gut leiten
Und Jesus würde sie dabei wohlwollend begleiten

Traut euch doch, ihr werdet sehen,
es würde vieles leichter gehen

Dann könnten Priesterinnen auch für die Seelen sorgen,
gemeinsam mit den Priestern. - Ideen von übermorgen?

Lass sie reden

Lass sie reden, philosophieren
Bis sie den Verstand verlieren

Ich hab genug, gehe meinen Weg
Brauch keinen Stempel, kein Papier
Der Weg, den ich gehe, sind doch WIR:

Wir gehen weiter bis zum Tor
Gewiss steht da keiner davor
Der uns nach Konfessionen fragt
Ich hoffe vielmehr, dass er sagt:

Komm rein, hier ist es warm und licht
Bei uns zählt nur dein Angesicht

Die Liebe ist es, die hier zählt
Warum habt ihr euch so gequält?
Hier zählt nur, dass man lieben kann
Du erkennst uns alle nur daran.

Die Liebe steht über dem Gesetz

Ein Gockel oder ein Huhn?

Warum sitzt auf manchen Kirchen wohl ein Gockel obendrauf?
Hühner gibt es tausendfach, macht doch die Ställe einfach auf
Wär's nicht denkbar, dass auf Türmen mal ein Huhn da oben sitzt?
Frauenpower, Hühnerfedern, Schnabel auf, frech und gewitzt
Ach, ich vergaß, es geht auf keinen Fall
Sonst flögen Eier überall
Und Göckel könnten ihrerseits verbuchen
Alles Friede, Freude, Eierkuchen

Pst, sei still (ein Lied)

Refr.
Pst, sei still und sprich nicht drüber
Keiner darf es hören
Tu, was du für richtig hältst
Nur nicht mit der Wahrheit stören

1
Hintenrum und obendrüber, alles ist erlaubt
Nur nicht offen drüber reden, dass sich das ja keiner traut
Ökumene feiern wir, wir sind schon lang so weit
Wir brauchen die Erlaubnis nicht, zu kostbar ist die Zeit

2
Priestern ist es nicht erlaubt eine Frau zu lieben
Jeder weiß, das gibt es doch, Wahrheit oder Lügen?
Schön verstecken, ja nicht zeigen, denn es darf nicht sein
Um den schönen Schein zu wahren? Sagt doch einfach „ Nein!"

3
Eine falsche Wahrheit
Eine trübe Klarheit
Rücksicht, die den Rücken kehrt
Liebe, die nicht liebenswert
Rosen, die nie blüh'n
Blätter ohne Grün
Im Frühling weht ein kalter Wind
Schweigen soll das Priesterkind

Schweigen ist nicht Gold

Stellvertreter?

Stellvertreter Gottes
auf Erden?
Wie menschlich!

Wozu denn Gott vertreten, der doch
überall in unserer Mitte ist.

Du willst doch, dass ich fröhlich bin (Lied)

Du willst doch, dass ich fröhlich bin, du willst doch, dass ich singe
Du willst, dass ich vor Freude strahl und über Tische springe

Du willst doch, dass ich einlade, grad die, die uns nicht passen
Die ganz enttäuscht und oft mit Recht dein schönes Haus verlassen

Du willst doch, dass ich fröhlich bin, du willst doch, dass ich singe
Du willst, dass ich heut mutig bin und über Gräben springe

Du sagst zu mir, jetzt trau dich mal, mach deine Türen ganz weit auf
Sie wollen eingeladen sein, sie warten doch nur drauf

Du willst doch, dass ich fröhlich bin, du willst doch, dass ich singe
Du willst, dass ich heut mutig bin und über meinen Schatten springe

Du willst doch, dass **wir** fröhlich sind, du willst doch, dass wir singen
Du willst, dass deine frohe Botschaft wir allen Menschen bringen

homo – hetero

Ich bin empört, was ein kirchlicher Amtsträger dazu sagt:

„Homosexuell bzw. lesbisch sein ist in der Kirche nicht strafbar, aber es zu leben ist Sünde." - Wie soll ich das denn bitteschön verstehen?

Wer gibt wem das Recht, mir zu sagen, dass meine Tochter in Sünde lebt. Wer ist so arrogant, zu wissen, was gottgewollt ist und was nicht. Ich glaube, dass Gott alle Menschen erschaffen hat und zwar nach seinem Willen. Wer also kann sich anmaßen, Gottes Schöpfung als gelungen

oder als fehlerhaft zu bezeichnen und wer darf mir dann einfach sagen, dass meine Tochter und meine Schwiegertochter in Sünde leben, wer kennt sie denn?
Sie leben glücklich miteinander, gehen liebevoll, respektvoll miteinander um. Sie bemühen sich sehr um benachteiligte Schüler als engagierte Lehrerinnen in einer Hauptschule. In sozialen und kirchlichen Bereichen helfen sie, wo immer es nötig ist. Und dann sagt ein kirchlicher Würdenträger öffentlich, es sei die offizielle Meinung der Kirche, dass sie in Sünde lebten. Auf diese Meinung pfeife ich und ich finde sie einfach anmaßend.
Ich schaue nicht unter irgendwelche Röcke auch nicht unter Kirchenröcke. Ich schau den Menschen ins Gesicht und beurteile sie nach dem, was sie tun und sagen und wie sie sich anderen Menschen gegenüber verhalten. Wer hat denn die Menschen ausgewählt, die jetzt ganz verbindlich sagen können, das ist Gottes Wille und das hat Gott sich so gedacht und nicht anders? Ich weiß es nicht. Ich weiß nur eines, dass ich meinem Schöpfer fest vertrauen kann. Wenn er alle Menschen erschaffen hat, dann glaube ich auch, dass er sie so gestaltet, wie er es will und was er sich dabei denkt, das weiß nur er. Keiner kann es sich aussuchen, an welchem Ort, in welchem Land, in welcher Familie und mit welchen Eigenschaften und Anlagen er geboren wird. Jesus hat uns allen den Auftrag gegeben, alle Menschen zu lieben, so wie sie sind und sie so anzunehmen. Und über allem steht die Liebe. Das zu verstehen fällt offensichtlich manchen Menschen sehr schwer.
Wenn ich glaube, dass alle Geschöpfe aus Gottes Hand kommen, dann muss ich es schon ihm überlassen, was er sich selbst in seine Hände legt. Wir sollten unsere kostbare Zeit und unsere Energie dafür einsetzen, Menschen zu helfen, die ausgegrenzt werden. Das hat uns Jesus vorgelebt. Er hat sich um die gekümmert, die von der Gesellschaft ausgestoßen wurden, die anders waren.
Ich denke, dass es unser Auftrag ist, darauf zu achten. Ich nehme mich keineswegs davon aus, Fehler zu machen, weil ich oft auch unbedacht handle. Aber ich versuche mich immer wieder neu dahin auszurichten, was Jesus mir vorgelebt hat. Ich bemühe mich immer wieder neu, meine Mitmenschen zu akzeptieren und zu respektieren, wie es mir aufgetragen ist und dass ich sie vor allem lieben soll. Das tu ich nicht, wenn ich sage, dich hat Gott leider so geschaffen, dass du nicht in unsere Gemeinschaft oder in unsere Kirche passt.
Die Liebe steht über dem Gesetz, das möchte ich nie vergessen!!!!!!!!!!!!!

Meine Tochter lebt mit einer Frau zusammen und das ist wunderbar!

Zum Davonlaufen

ich – andere

Ist das so schwer?

Viele Augen sehen viel und viele Ohren hören gut
Doch, wenn ich hör, was Münder sagen, packt mich manchmal echte Wut

Was Köpfe denken oder nicht
Zeigt mir meistens das Gesicht

Wenige Augen sehen viel und viele Ohren hören schlecht
Schlafende Köpfe wissen nicht, was wichtig ist und recht

Macht doch eure Augen auf, schaut hin ist das so schwer?
Sperrt doch eure Ohren auf, hört ihr denn nichts mehr?

Die Zeit, sie klopft doch bei euch an mit vielen wichtigen Fragen
Lasst sie doch rein und hört euch an die Sorgen und die Plagen

Das Unrecht, das zum Himmel schreit
Die Antwort: Oberflächlichkeit
Worte nur dahingesagt
Denken scheint nicht mehr gefragt

Seht doch mal mit andren Augen, hört mit anderen Ohren
Vielleicht könnt ihr dann etwas ändern, seid nicht ganz verloren.

Nach den Bedürfnissen des andern hat Franz v. Assisi einst gefragt

Krieg gewinnen, Krieg verlieren
Wer gewinnt, verliert denn was?

Schürt Gewinnen und Verlieren
denn nicht noch mehr Hass?

Was kann dem entgegenstehen?
Jesus hat es angesprochen:

Im Fremden stets den Bruder sehen,
nur so wird Gewalt durchbrochen.

Nach Bedürfnissen des andern hat Franz einst gefragt.
Mit ihm auf Augenhöhe war für ihn angesagt.

Nur so ist zu verstehen, was der andere fühlt,
was ihn bedrückt und was in seiner Seele wühlt.

Zu Extremisten und Kriegern werden Menschen verführt,
vor allem all jene, die sich selbst nie gespürt.

Doch um Frieden zu schaffen, müssen wir selbst etwas tun,
was verändern, mitfühlen, nicht im Selbstmitleid ruhn.

Theater, Theater

Theater, Theater, wo wird wirklich gespielt?
Wo habe ich mich denn schon wie ein Schauspieler gefühlt?

Masken im Alltag, daran tragen wir schwer
Doch, auch wenn sie uns drücken, geben wir sie nicht her

Denn dahinter können wir uns gut verstecken
unser wahres Gesicht kann dann keiner entdecken.

Die Masken abnehmen, nein, das wollen wir nicht
Nur in der Fastnacht, da wollen wir uns verkleiden
Und als Maske zeigt sich das wahre Gesicht
Unter dem wir im Alltag so manches Mal leiden.

Theater, Theater, was ist denn nur los?
Unsre Angst vor der Wahrheit, die ist riesengroß.

Wir zeigen uns, wie erwartet, mal harmlos, mal keck
Blitzt das Echte hervor, packen wir es gleich weg.

Zurechtrücken, festzurren, dass uns ja keiner erkennt
Uns anspricht und womöglich beim Namen nennt.

Nur, wenn wir geschützt und alleine zuhaus,
ziehen wir ganz erschöpft unsere Masken aus.

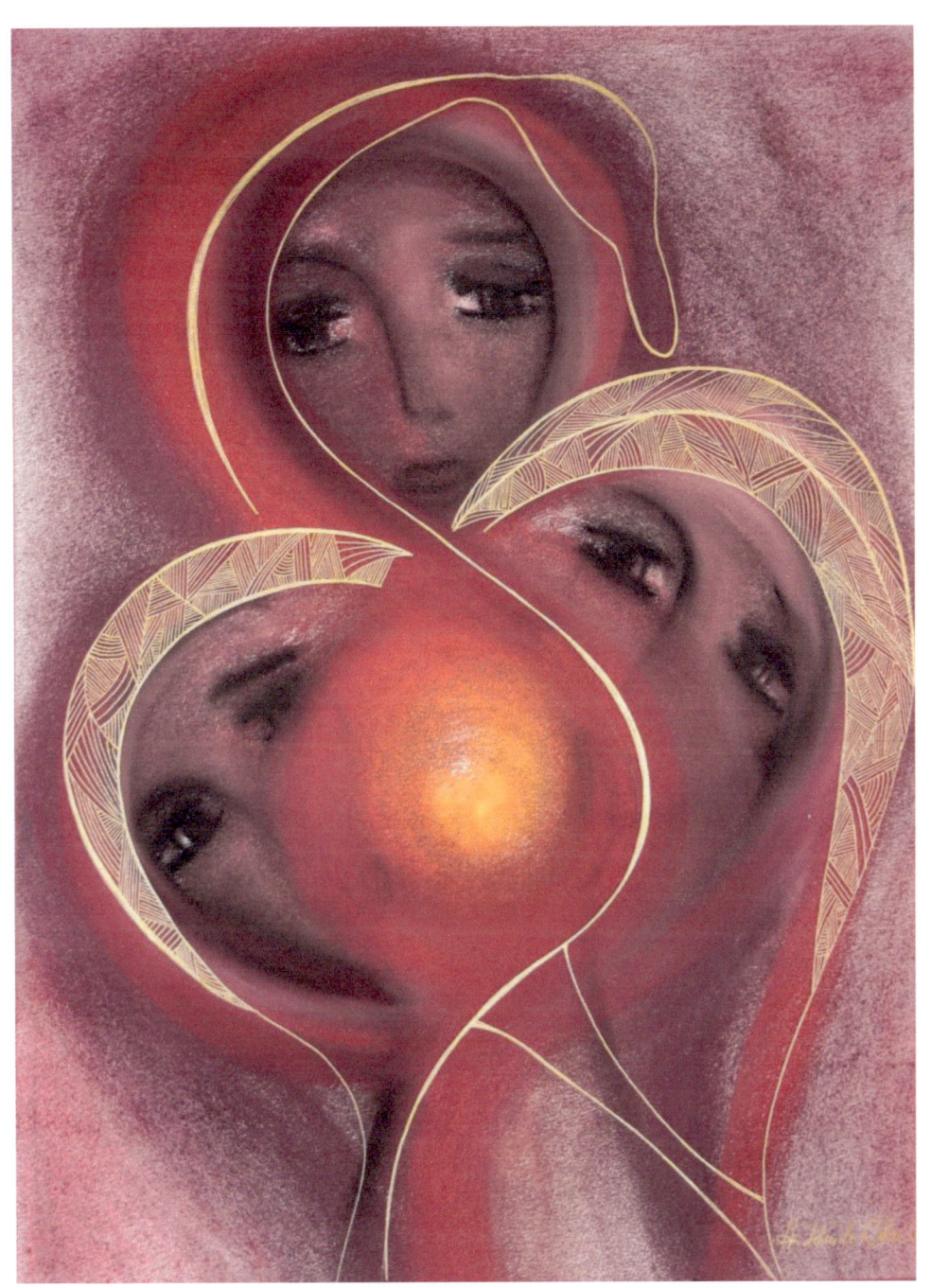

Ein komischer Vogel

Wir wollen Friedensboten sein?

Wir sollen Friedensboten sein
In Wahrheit knicken wir schnell ein

Vergessen, verdrängen und haben keine Lust
treten weiter nach unten, leben aus unsern Frust

Und machen andere ganz klein
Und wir wollen Friedensboten sein?

Mann – Frau

Du wirst staunen

Ist es rot oder grün, fragt sie
    er weiß es ganz genau
    es ist himmelblau

Ist es berechnet oder raffiniert, fragt er
    sie weiß es ganz genau
    es ist schlau

Es wär nicht schlecht
hätten beide recht

Versuch mal gegenüber zu sitzen

und die andre Sichtweise zu nützen

Wir vertauschen einfach mal
die Positionen

Du wirst staunen,
es wird sich ganz bestimmt lohnen

du kannst über die Brücke gehen

und vielleicht plötzlich alles ganz anders sehn

Die Giraffenfrau

Wenn dann der Mann zu Hause ist ...
D Fraua senn anders

D Fraua senn anders ond d Männer au
D Fraua sehn rosa ond d Männer sehn blau

Er isch morgens halt ganga ond i war's net gwohnt
Dass mei Mann scho am Vormittag drhoim bei ons wohnt

Wenn ich nass uffwisch, dann muss er grad neilaufa
Wenn i zammakehr, verlauft er mein Haufa

Er kann macha, was er will, er machts oifach net recht
D vollgstopfte Mülloimer sieht er ganz schlecht

Ond jeden Tag d Betta macha, für was soll des guat sei?
Mir liegat heut Obend doch eh wieder nei

Bisch noo net fertig, ja was machsch denn jetzt no?
Ja, Waschbecka putza und dann halt no s Kloo

Da Wäschkorb in d Waschküche und glei a Maschee nei
Meine Hosa mitwäscha, muss des denn scho sei?

Jetzt bisch aber fertig, jetzt gehn mr eikaufa
Ond dann dee mr noo a bissle spazieralaufa

I muss halt no bügla ond gschwend no was bstella
Em Garta no hacka ond d Mülleimer neistella

En Toig anlassa für da Hefazopf
Ond d Palm noo versetza en nen grössera Topf

D Fenster no putza, d Spülmaschin ausreima
Ond an dr Tischdecke muss i gschwend noo was säuma

Dann bloß no gwschend schnell unser Wäsch zammalega
Ond dann no kurz d Terass sauberfege

Aber dann hemmer frei da ganza Tag
Ond jeder kann macha, des was er grad mag

So isch des drhoim, mir henns richtig schee
Mr deen's jetzt mitnander, was will mr no mee?

Das besondere Paar

Lass mich daheim am warmen Ofen sitzen

ich will in die weite Welt und in südlicher Sonne schwitzen

Ich brauche nicht viel, um zufrieden zu sein

aber mir ist hier alles zu eng und zu klein

Mir ist es genug, ein Liedchen zu singen

für mich müssen Orchester und Chor alles bringen

Mir reicht ein Stück Brot und ein kleines Glas Wein

bei mir darf es schon Sekt und ein Fünf-Gänge-Menü sein

Ich liebe es ruhig, lass' es leise angehen

mir ist's nie zu laut, ich brauche Gedröhn

wir sind sehr verschieden, das ist schon wahr,

was soll's, wir sind eben ein besonderes Paar.

Ein Frauenschwarm

Ein Frauenschwarm, was heißt denn das
Wer schwärmt für wen oder für was?

Ein Frauenschwarm, vielleicht sind das ganz viele, viele Frauen
Die den Frauenschwarm umschwärmen und sich doch nicht recht trauen?

Gespräch am Brunnen

Emanzipation

Mein Eindruck: unter dem Mantel der sogenannten Emanzipation werden eigene Komplexe versteckt oder bestenfalls aufgearbeitet…
Wem muss ich etwas beweisen?
Doch nur mir selbst !

Ich kann stark und selbstbewusst sein oder schwach und unterwürfig,
Soll ich das dem jeweils anderen Geschlecht anlasten?

Das Selbst-Bewusstsein eines Menschen heißt „ Emanzipation" und richtet sich nicht gegen oder für etwas oder jemanden.

Ich bestimme es selbst.
Ich habe eine Stimme.
Ich nütze meine Werkzeuge, die mir von Gott gegeben sind

Meinen Verstand
Meine Augen
Meine Ohren
Meinen Mund
meine Stimme
meine Hände und meine Füße

Das ist für mich Emanzipation.
Das gilt sowohl für Frauen als auch für Männer.

Ich bin ab und zu ein renitentes Weib

Ich tue das, was ich für richtig halte,
auch dann, wenn es die andern nicht verstehen,
verrückt, gesponnen und nicht passend finden
Sie dürfen es doch einfach anders sehen

Ich muss so manches manchmal ganz laut sagen
So manches Mal zerreißt es mich vor Wut
Die andern dürfen das gern anders halten
Bei mir wird's laut und das tut richtig gut.

Ich spiele ab und zu eine neue Melodie
Nach meinem Gefühl, so, wie ich es will

Klatsche in die Hände und tanze auf Straßen
Manche sähen mich stattdessen viel lieber still.

Denn meine klaren Worte halten sie für frech.
Sie hören sie nicht gerne, das ist ihr Pech
Gegen Wahrheit, die wehtut, will man sich wehren
Doch laute Wahrheiten kann man nicht überhören.

Ein renitentes Weib bin ich von Zeit zu Zeit
Nehm's hin, dass mein Urteil nicht jeden erfreut.
Doch ich habe was zu sagen, schweige nicht still:
Das ist meine Meinung, die ich vertreten will.

Mal auf laut!

Männer könnten besser hören, wenn die Frauen lauter wären
Frauen reden viel zu leise und die Männer klagen dann
Es käme nichts bei ihnen an.
Dreht den Knopf doch mal auf laut, dass es ihn vom Sofa haut
Wenn ihr Frauen sagen wollt, was ihr Männer hören sollt.

Manche wollen es so

Manche Männer wollen es so
     Sagen, sie sind stark und tun nur so
     Leben in einer Partnerschaft und sind darüber froh
Manche Männer wollen es so haben
     Frauen mit vielen Talenten und Gaben
     Frauen, die an ihnen nie was auszusetzen haben
Manche Frauen wollen es so
     Sagen, sie sind schwach und tun nur so
     Leben in einer Partnerschaft und sind darüber froh
Manche Frauen wollen es so haben
     Männer mit viel Geld und schnellen Wagen
     Männer, die nur sie sehen und auf Händen tragen

Viele Frauen und Männer, die wollen eben
sie selbst sein
es bleiben
Und eine gute Partnerschaft leben

Ich muss dir etwas sagen

Nehmt euch an der Hand

Was wir alles können
als Frau und als Mann?

Warum nehmt ihr nicht an, dass ihr verschieden seid
Die Stärke liegt doch gerade in Verschiedenheit

Wandert gemeinsam und reicht euch dabei die Hände
Im Emanzipationsgelände

Macht nicht alles Krumme gerade
nicht alles Große klein
nicht alles Grobe fein
Lasst Unterschiede zu, sonst wär' es jammerschade.

Partnerschaft,
    ein Traumhaus.
Partner geht:
    Ein Traum ist aus.

Überhaupt nicht da

Mit geschlossenen Augen komme ich dir entgegen
Wie ein Engel so zart werde ich mich bewegen
Sanft schwingen wird mein Seidengewand
Meine Haare durchzieht ein goldenes Band
Ich will dich umarmen, bei dir sein, ganz nah

Ich öffne die Augen,
doch du bist bei der Sitzung
Und überhaupt nicht da.

Wenn ich nun wirklich gleich sein will?

Jetzt kenne ich sie, die Verwalter,
lebe ich im Mittelalter?
Sowas ziemt sich nicht als Frau,
Wisst ihr Männer das genau?

Zum Kuchenbacken bin ich recht,
zum Priesteramt doch viel zu schlecht?
Wer kann in meinen Kopf reinschauen,
Mir wäre viel mehr zuzutrauen!

Worauf kommt es denn wirklich an,
hängt Glaubenskraft an Frau, an Mann?
ich frag' Gott voll Vertrauen
Bin sein Geschöpf, von ihm gewollt, darauf kann ich fest bauen

Vor Gott sind alle Menschen gleich,
so hat es Jesus uns gelehrt
Wenn ich nun wirklich gleich sein will,
was ist denn daran nun verkehrt?

Zum Frauenhaus

Draufgeschlagen, draufgeschlagen

nicht mehr ertragen
weggelaufen

auf Sohlen sacht
mitten in der Nacht

die Füße zerschunden
ein Licht gefunden

kaum fähig zu gehen
offene Türen gesehen

warmes Licht, warme Stimmen
sie laden dich ein

offene Arme bieten an:
    tritt ein

Lobe den Herrn meine Seele

Zum Mobiliar?

Schränke, Tische, Stühle, alles schön am Platz
Ich gehör nicht zum Mobiliar, schau mich an, mein Schatz

Kann mich hier und da hinstellen, gefällt es dir so nicht?
Ich geh mal zum Fenster hin, vielleicht fehlt nur das Licht?

Wie ich mich bewegen kann, schau her, ich fang zu tanzen an
Ist es dir nun endlich klar? Ich gehör nicht zum Mobiliar!

Tradition – Neues

Das Gewohnte

Das Gewohnte hat das Haus verlassen
Lebt frei auf großen Plätzen, in geschmückten Gassen

Es hat gewohnt in zugewiesenen Räumen
Jetzt wohnt es im Freien, im Schatten von Bäumen

Es wandert, fühlt sich wohl und steht nie mehr still
Weil es einfach nur noch unterwegs sein will

Wo es einst dunkel, sieht es nun das Licht.
Im Abendrot zeigt sich eine andere Sicht

Es sitzt nicht mehr im Rahmen, es hat ihn gesprengt
Hat das Langweilige einfach an den Nagel gehängt

Lässt Regeln Regeln sein und spürt nur das Herz
Schaut dankend in die Freiheit, himmelwärts

Ja nix verändern

Ja nix verändern, es war immer schon so
Da gehört es hin und nicht anderswo

Alles bleibt, wie es ist, auch der Altar
Der Ambo bleibt da stehen, wo er immer war

Im Alltag, da probiert man was Neues aus
Doch geändert wird nix im Gotteshaus

Renovierung, die ist nicht so einfach hier
Zur Durchführung, mein ich, nicht auf dem Papier

Dann bitte ganz wie früher, da wäre ich dabei
„mir sitzat wieder auf Stroh und auf Heu!"

Eine hartnäckige Frau
Anmerkungen zum „Brot des Lebens"

Kennt ihr die Geschichte von der hartnäckigen Frau?
Die von Jesus erst abgewiesen wird?

Ihr kennt sie
Genau!

Er sagt ihr, dass sie doch nicht zu ihm gehört
Dass die Kinder vor den Hunden kommen
Und dass sie stört

Doch, sie lässt nicht locker
Sagt ihm, dass sie an ihn glaubt
Dass er ihr helfen kann
Und, dass sie ihm ganz fest vertraut

Sie sagt ihm
Dass sie das von den Hunden wohl gehört hat
Doch, die Hunde, sagt sie
Werden auch noch von den Krümeln satt

Ich bin hartnäckig, wie die Frau
Und ich seh die Not
Ich will nicht die Krümel
Sondern ein **richtiges Brot**

Ich bin nervig und ich weiß
Dass meine Hartnäckigkeit stört
Doch, ich vertrau fest auf Jesus
Und ich glaub, dass er mich hört

Der Philosophenpfad

Ich stieg den Philosophenpfad Stuf um Stuf empor
Steil bergan und fremde Gedanken flüsterten mir was ins Ohr
Links und rechts ganz hohe Mauern
Nur Stufen und Pflasterstein
Ich konnt nicht anders, mir fielen plötzlich tausend Dinge ein
Nachdenken und drüber philosophieren
Es wagen, Neues auszuprobieren?

Geniale Ideen sind wohl diesen Weg gegangen
Auf diesen Stufen hat schon Großes angefangen
Links und rechts hohe Mauern, sollten wir diesen Weg gehen,
um manches anders, freier und unkomplizierter
und aus einer andren Perspektive zu sehn?

wenn man oben ankommt, scheint die Sonne ganz hell
und du siehst den Himmel frei über dir
und dein Herz wird weit und du fängst an zu fliegen
und du staunst, was geschieht hier mit mir?

Und, wenn die Schubladen dann voll ...

Gut, dass es Schubladen gibt, um alles reinzustecken
Doch, manches stellt sich quer und sperrt, passt nicht, ums Verrecken

Dann wird's verknotet und verschnürt, jetzt haben wir es fast
Es wird dann noch schön eingeschmiert, so lange, bis es passt

Und, wenn die Schubladen dann voll, dann kaufen wir ne Truhe
Wir finden Schubladen so toll, so schafft man seine Ruhe

Die Truhe ist zwar etwas größer, es geht auch viel mehr rein
Alles, was uns unbequem, das passt genau hinein

Ich warte

Ich muss mal überlegen

Hanna findet die Brücken

alt - jung

Auf Augenhöhe

Auf Augenhöhe mit den Wolken
hab ich auf Erden einen festen Stand
Mit Augenmerk auf nächste Generationen
geh ich mit meinen Kindern Hand in Hand

Weitergeben und zurückbekommen
Wissen und Fragen halten sich die Waage
Die Seele fühlt sich nicht nur angenommen
Sondern voll Glück an einem solchen Tage

Ich werd' mich niemals revanchieren können
Für alles Gute, das auf Wolken zu mir schwebte
Doch einer Sache bin ich mir gewiss
dass ich vergebens nicht auf dieser Erde lebte

Mein Regenbogen – Lied (für meine Kinder)

Ich sitz auf meinem bunten Regenbogen
Schau mal nach unten, mal nach oben
Ich fühl mich ganz geborgen und daheim
Und glaubt mir, es kann schöner gar nicht sein

Auf meinem Regenbogen sind die Farben klar
Und, dass er für uns strahlt ist wunderbar
Nein, unser Regenbogen, der verblasst uns nicht
Er zeigt sich uns im bunten Wunderlicht

Meist zeigt er glühendrot, weil unsre große Liebe überwiegt
Und mein geliebtes lila, das uns Hoffnung gibt
Nur selten grau, doch davor fürchten wir uns nicht
Denn strahlendgelb zeigt uns, es gibt ein helles warmes Licht

Es ragt sogar schon in den Himmel rein
Und führt mich zum geliebten Vater heim

Es hat genügend Platz für alle dort
Es ist ein unbeschreiblich schöner Ort

Der Himmel ist mit Sternengold durchwoben
Denkt dran, ich sitz auf meinem bunten Regenbogen
Ihr könnt mich spüren, sehen leider nicht
Doch glaubt mir, ich leb hier im warmen, hellen Licht

Wenn sich der Regenbogen immer wieder zeigt
Und sich von mir zu euch zur Erde neigt
Dann seid gewiss, ein wunderbarer warmer Schein
Strahlt dann von mir in euer Leben tief hinein

Leihgaben

Meine Kinder sind nicht meine?
Hab ich keine?

Niemals kann ich sie besitzen
Weil sie nur geliehn

Leihgaben aus Gottes Hand
Soll mich drum bemüh'n

Wie gut, dass es junge Menschen gibt

Junge Menschen wollen sich informieren,
orientieren, kritisieren, diskutieren
richtig so
immerzu
lasst sie gestalten, sich neu formieren
hinterfragen die Normen, sich positionieren
gut ist es,
dass es sie gibt.
Sie werden nicht müde, Neues zu denken
gar manches ist starr, keiner merkt's und ist froh
wenn es bleibt,
wie es ist.
Doch die Jungen haben Kraft und Elan,
gehen mehr als die Alten offen an.

Immer weiter,
Neues lernen
Ideen sprühen, Gedanken blitzen,
immer unterwegs, keine Zeit zum Sitzen
Das ist die Tugend
unserer Jugend

Zwanzigmal so schlau

Ich werde immer älter, jeden Tag ein Stück
Ich werde immer älter, was für ein Glück

Was werd' ich in zehn Jahren machen?
Ich werd noch immer herzlich lachen…

Es wird mir nie langweilig sein
Mir fallen tausend Dinge ein…

Was wird in zwanzig Jahren sein?
Kein Stehenbleiben, nein…oh, nein…

Ich glaub, jetzt weiß ich es genau
Ich werde weiter herzlich lachen
Und lauter schräge Sachen machen
Und bin dann zwanzigmal so schlau.

Glauben

Wo kommen die Ideen her?

Manchmal bin ich ein Geschoss
Geh ab, wie ne Rakete
Ich wirble, bin total entzückt
Und mach mein Umfeld ganz verrückt

Gemäßigt bin ich ab und zu
Und lass die andern dann in Ruh
Doch, blitzschnell kommen mir Ideen
Ich muss nur etwas Schräges sehen.
Manchmal ist's nicht auszuhalten

Ständig bin ich am Gestalten
Da frage ich mich, bitte sehr.
Wo kommen die Ideen her?

Sie suchen mich, lass sie mir schenken
Doch trotzdem muss ich manchmal denken
Wie kommt es, dass sie plötzlich da,
Wo eben etwas andres war?

Wie funktionieren die Gedanken?
Sie könnten doch bei anderen landen.

Jetzt weiß ich es und sage dir,
sie wohnen immer schon bei mir
Sie werden in mir groß:
Ideen-Los

...ich hab dich nicht erkannt

Ich hab schon überall ganz sehnsüchtig gesucht
Wie kann ich dich erkennen?

Am Tisch gleich neben mir hast du gesessen?
Hast mir Fragen gestellt, mit mir gegessen?
In U-Bahnen, am Straßenrand?
Ich hab dich nicht erkannt

Wo kann ich dich denn schauen?
Ich weiß es nicht
Ich will dir doch vertrauen
zeig mir endlich dein Gesicht

Soll dich in anderen Menschen sehen
Wie kann ich das verstehen?

Oft sehen mich andere ganz traurig an
Kann es sein, dass ich dich darin sehen kann?
Hilf mir zu verstehen, ich weiß es nicht
Ich suche immer wieder dein strahlendes Gesicht

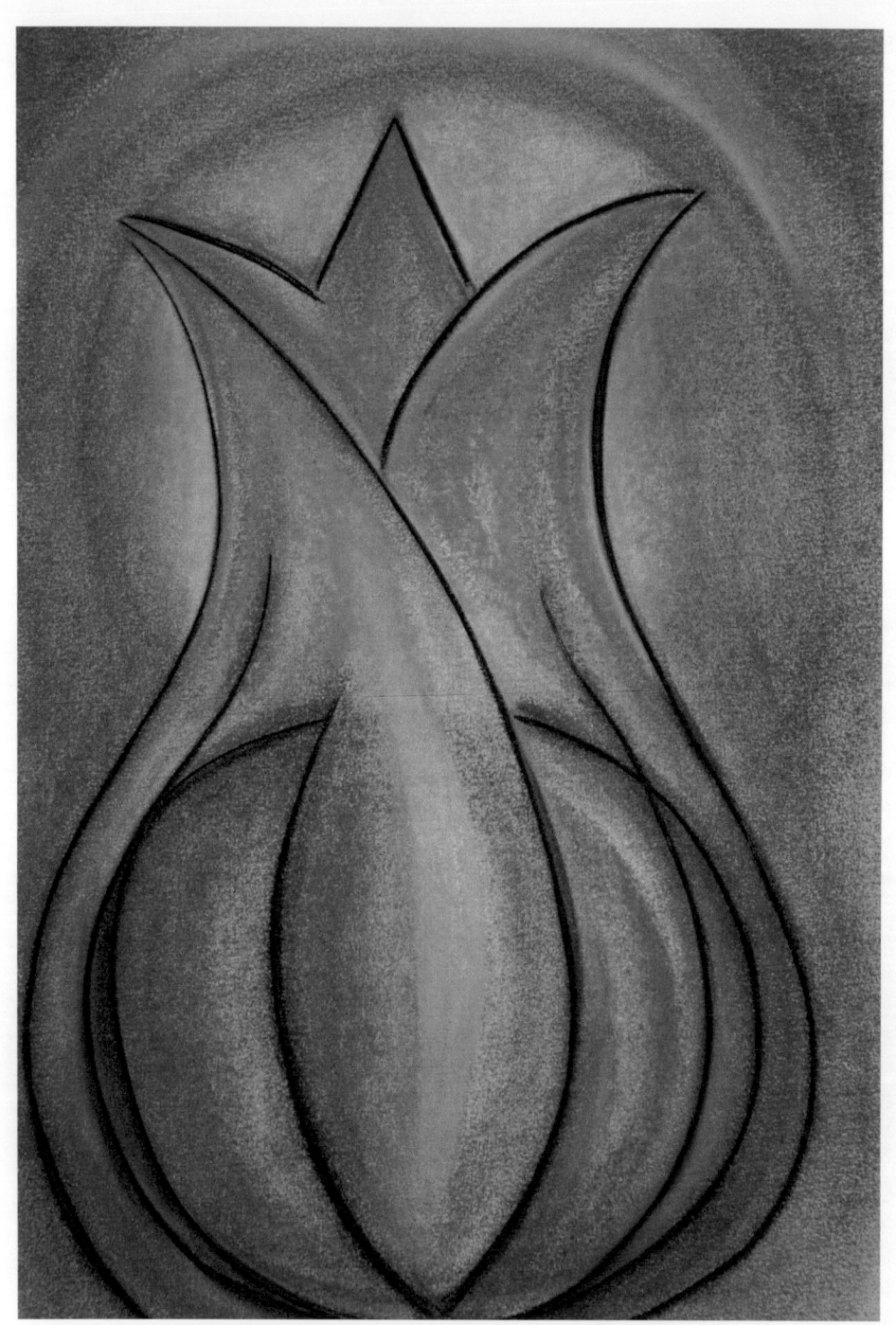

Glaubensbekenntnis: ...ich glaube an Gott, den Vater...

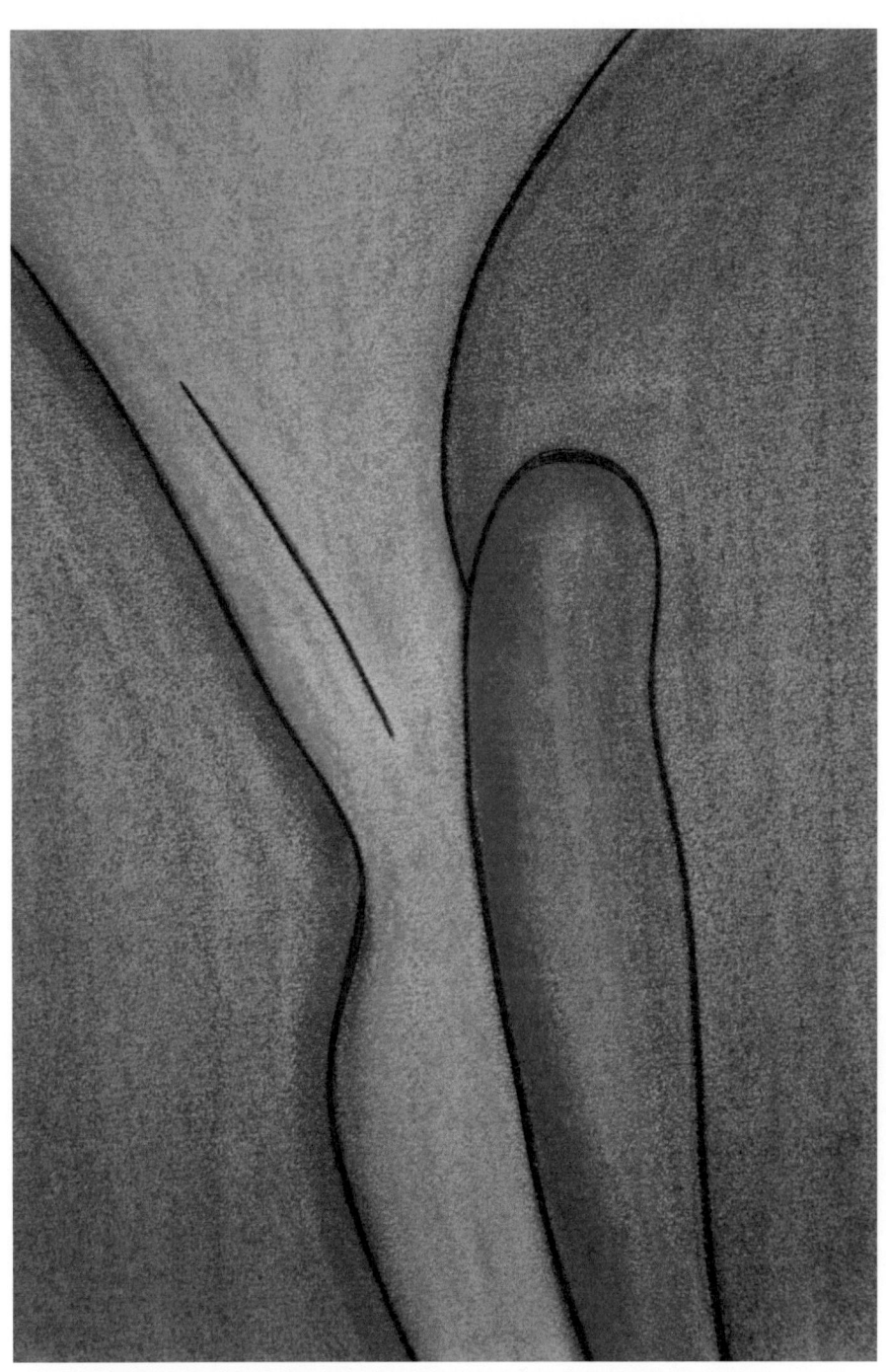

Glaubensbekenntnis: ...geboren von der Jungfrau Maria...

Glaubensbekenntnis: …die heilige christliche Kirche

Auch, wenn der Hahn kräht

Ich gehör zu dir
    Auch, wenn der Hahn kräht
    Auch, wenn ich manchmal rebellier
Ich gehör trotzdem zu dir

Ich gehör zu dir
    Auch, wenn ich manchmal den Kontakt verlier
    Auch, wenn ich neue Wege ausprobier
Ich gehör zu dir

Ich gehör zu dir
    Wenn Ferne lockt, ich bleibe trotzdem hier
    Denn, ich weiß ganz genau
Ich gehör zu dir

Viel später erst als Geschenk erkannt

Habe manches nicht verstanden und es Pech genannt
War darüber oft so wütend, wäre gerne weggerannt
Dass es mir grade passierte, war doch allerhand

Ich habe es viel später erst als Geschenk erkannt

Dann liebe ich

Glauben woran?
Hoffen worauf?
Lieben wen?

Wenn ich glaube zu hoffen
dann liebe ich auch

Die Jüngerin

Engel müssen Flügel haben

Engel müssen Flügel haben
Denn, sie sind oft plötzlich da
Wenn sie mir in dir begegnen
Sind sie mir ganz nah

Engel müssen Menschen sein
Wie viel es gibt, weiß Gott allein

Manchmal sind sie still und leise
Berühren dich auf ihre Weise
Steh'n oft an Kassen und auf Ämtern
Nicht in goldenen Gewändern

Engel haben ein Gesicht
Siehst du sie denn nicht?

Wenn du traurig bist und müde
Helfen sie dir auf die Beine
Rufen an und haben Zeit
Sagen: „Du bist nicht alleine"

Engel sind dir oft ganz nah
Sie sind da

Gott ist hier in unsrer Mitte
Er hat uns das Licht geschenkt
Dass es hell wird in uns allen
Er ist's, der unsre Schritte lenkt

Danken will ich ihm dafür
Er ist hier

Offene Häuser haben die dichtesten Fundamente

Kinder leben heute
Erwachsene oft gestern und morgen

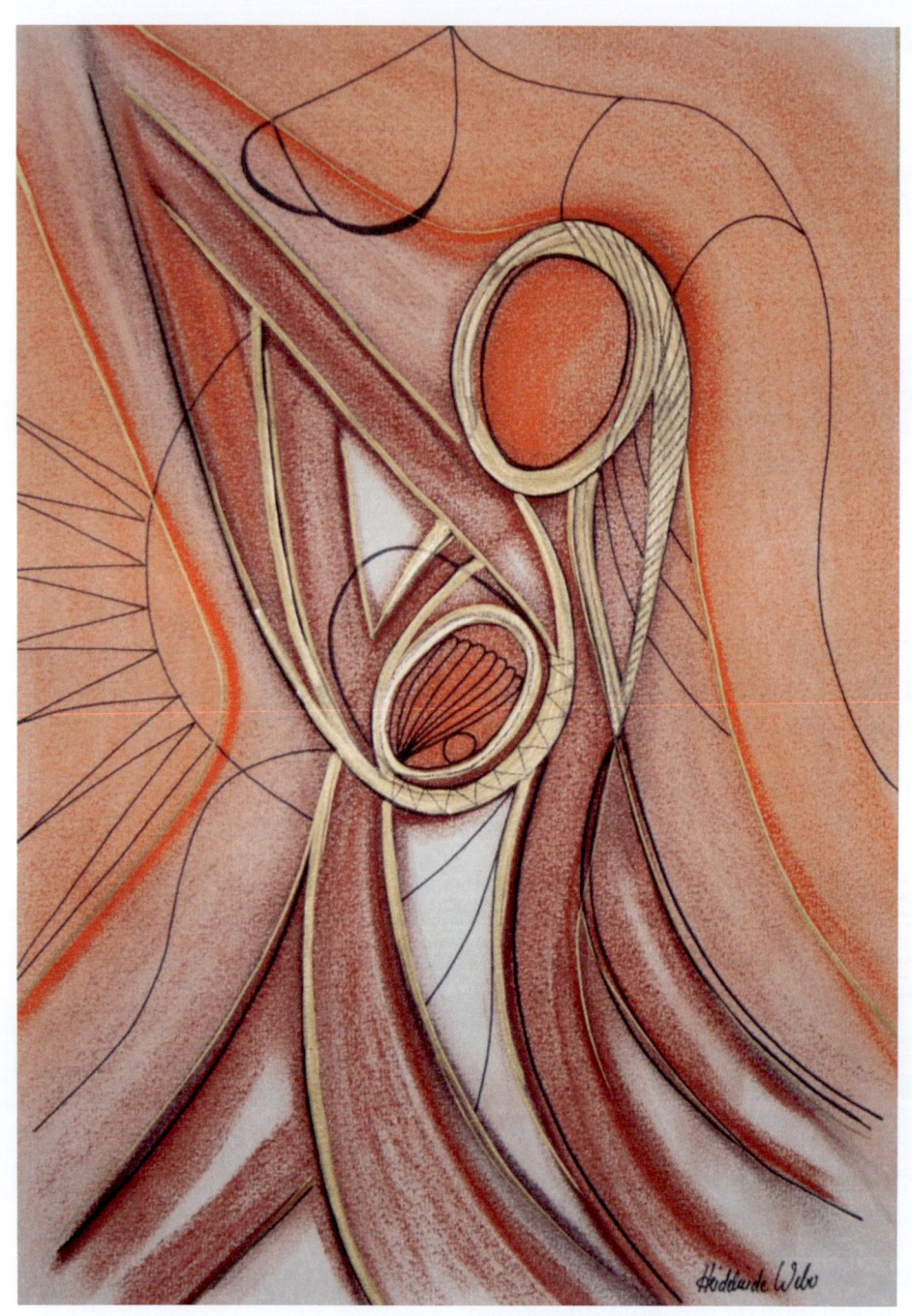

Meine Seele muss schreiben

Homo – hetero

Nach einer Fernseh – Diskussion über Anderssein, unter anderem über Homosexualität

Ist dies das Bild von eurem Schöpfer?
Ist das der Schöpfer, an den ihr glaubt?
Der Menschen erschafft, von denen er dann sagt:
„Ach nein, nicht so gelungen, ich kann sie nicht gebrauchen!?

Ich glaube, dass Gott alle Menschen geschaffen hat,
wir also Gottes Geschöpfe sind,
göttlich geschaffen
Wie vermessen, wenn Menschen aussortieren in gute, nicht so gute
oder verbogene Schöpfung,
Wenn es im Namen der Kirche geschieht, besonders schlimm

Ich traue meinem Gott zu, dass er sich etwas dabei denkt,
wenn er die Menschen verschieden erschaffen hat

Vielleicht ist es unsre Aufgabe, uns in Nächstenliebe, Toleranz
und gegenseitigem Respekt zu üben und uns lieben zu lernen?!

Ich glaube an einen Schöpfer, der mehr weiß, als ich,
Der weiß, was er tut und warum.

Jesus sagt, dass Gott in jedem Menschen lebt,
dass wir sein Tempel sind.
Wie größenwahnsinnig, Gottes Wohnungen zu sortieren,
einzuteilen in richtige, falsche, gute und schlechte.

Wenn Gott uns alle erschaffen hat, sind wir gleich wertvoll
für ihn und vor ihm

Ich glaube an die Auferstehung und dass Gott alles neu schaffen wird.
Aber, wir können auch hier schon ein Stück Himmel erschaffen und
erleben,
wenn wir unsre Mitmenschen respektieren in ihrem Anderssein

Dafür müssen wir unsre abgeknickten, starren, eingezogenen Antennen
wieder auszufahren lernen.

Atemlos

ich – andere

Lieber selber bauen

Autobahn, Wanderweg
Riesenbrücke, kleiner Steg
Hinüber, herüber, was ist dir lieber?
Ich möchte auf einer Wiese liegen und in den blauen Himmel schauen
Und meine kleinen Brücken dann lieber selber bauen

Beobachtungen im Zugabteil

Kabel, weiß, wohin ich schau
Für den Mann und für die Frau
Ohr verstopft, ich hör dich nicht
Schaust mir fragend ins Gesicht
Schau mal her
Leise Welt
Ich tu das, was mir gefällt
Daumenspiel, ich kanns ganz schnell
Wo ich bin? ich weiß es nicht
Hör nichts, seh nur dein Gesicht
Kann nicht sprechen
Nur noch tippen
Und nach der Musik mich wippen
Bin verkabelt und vernetzt
Hör nicht
Was um mich rum geschwätzt
Streichel so und dann mal so
Streicheln, das macht mich so froh
Tiptip hier und tiptip da
Schau mal, was ich hab, hurra
Umwelt, ich sag dir „ade"
Reicht doch, wenn ich dich mal seh
Höre nur noch, was ich will
Alles um mich rum ist still
Kabel, Stöpsel, alles da
Brauch nicht mehr
Ihr seid ganz nah

Die „Utomenica"

Utomenica hat sich anders entschieden
Sie will heute schon leben
Will jetzt bei uns sein
Sie steht an Türen mit offenen Armen
Und bittet die Veränderung
Willkommen „trete ein"

Utomenica wird über Brücken gehen
sie wird die Türen offen sehen
Denn Leben ist Begegnung, das hat sie gelernt
Sonst sind ihr die Menschen zu weit entfernt
Sich zu sehen und miteinander zu sprechen
Mit alten Vorurteilen zu brechen
In allen Menschen Gottes Geschöpfe zu sehen
Und ohne Angst aufeinander zu zugehen

Gedanken zum Weltuntergang

Der Weltuntergang hat schon lange begonnen
Auf leisen Sohlen schlich er in die Welt
Als Kindersoldaten, als Menschenverachter,
Als Sklavenhändler, als gestohlenes Geld

Er unterdrückt viele Menschen, die sich nicht wehren können
Lässt sie hungern, verrecken, treibt sie in den Tod
Der Weltuntergang hat schon längst begonnen
Er verweigert den Menschen ihr tägliches Brot

Er zerstört die Gemeinschaft, macht einsam und arm
Schiebt das Geld an falsche Stellen und keiner schlägt Alarm
Der Weltuntergang lässt verzweifeln, treibt in Prostitution
Viele Männer und Frauen, sogar Kinder schon

Der Weltuntergang unterdrückt, demonstriert seine Macht
Zerstört viele Seelen bei Tag und bei Nacht
Lässt Unrecht geschehen, bringt Verzweiflung und Not
Lässt enden viele Menschen in zu frühem Tod

Der Weltuntergang missbraucht Große und Kleine
Macht uns blind und ganz starr und so hart wie Steine
Hat alles Erbarmen am Nächsten verloren
Lässt die Güte verdorren, Arroganz wird geboren

Der Weltuntergang in Tsunamis, Erdbeben und Kriegen
kämpft gegen den Aufbau und Ringen um Frieden
Im Verbund mit der Gier, Egoismus und Geld
Sind alle betroffen vom Untergang der Welt

Doch er bestimmt nicht, wenn es Zeit ist zu gehen
Er ist blind und kann die Zukunft nicht sehen
Gott allein unser Schöpfer, herrscht über die Zeit
Er wird wiederkommen und dann ist es soweit

Er verwandelt den Hass in der Welt in Vertrauen
Dass wir friedlich und liebend die Welt neu erbauen
Und Gerechtigkeit trocknet die Tränen der Armen
Kein Besitz ist mehr wichtig, es zählt das Erbarmen

Und wir brauchen sie doch

Manche glauben
alles zu wissen
und vermissen nicht
die Liebe

Andere scheinen überaus
klug zu sein
und brauchen sie nicht
die Liebe

Viele lieben nur sich
Ohne den andern
und erkennen nicht
die Liebe

Irgendwann kommt
das Erwachen, die Leere
dann wird sie herbeigesehnt
die Liebe

Gut, dass sie so lange wartet
sie weiß Bescheid
dass sie irgendwann gebraucht wird
die Liebe

Ich bin …

Ich bin die Frau sowohl als auch
Mit klarem Kopf und Gefühlen im Bauch
Die verbindet, nicht trennt
Persönlich kennt
Auf Moospflanzen wohnt
Auf der Seerose thront
Krass und laut, zurückgezogen
Einzigartig und verwoben
Fühl mich wohl im warmen Licht
Kenn Übermaß und auch Verzicht
Einfühlsam und aufgebracht
Putzmunter und wach in der Nacht
Pointiert im Weltgetriebe
Brauch Klarheit und Treue in der Liebe
Höflich und direkt
Geradeaus, manchmal versteckt
Aufgeschlossen, zugezogen
Oft konträr, doch auch gewogen
Empfindsam und laut
Alles ist mir vertraut …

Schmetterling

Schmetterling, du Freiheitsliebe
Ohne Zeit und ohne Maß
Fliegst einfach, von Blüt zu Blüte
Setzt dich in das saft'ge Gras

Planst nicht, was sollst du auch planen?
Fliegen?
Wer hat Flügel mir gemacht?
Schon lang, bevor du fliegen konntest
Hat Gott sich deine Bahnen
Zum Fliegen für dich ausgedacht

Bin ich auch ein Schmetterling?
Hab ich Freiheitsflügel?
Flieg die vorgegebne Bahn
Doch, voll Vertrauen
Weiß ich
Dass ich weiterfliegen kann

....ich bin dran

Meister im Verdrängen
Es betrifft mich nicht
Auf für mich wichtige Dinge
Leg ich mein Gewicht

Für andre passt es ganz perfekt
Es liegt vor ihrer Haustür
Das Problem
und keiner hat's bemerkt
War wohl unangenehm

Ihr habt es nicht bemerkt
Was um euch rum passiert
Ihr schickt es weiter
So, wie ich
Es hat euch nicht wirklich berührt

Wer macht den Anfang
Fang ich bei mir an?
Ich öffne meine Tür
Ich glaube
Ich bin dran

Für Sumaya

Nein, es ist kein Traum
Schau dich an, du bist brillant
Und du bist stark, wie ein Baum

Alles verlorn, so wird Zorn geboren
Plattgewalzt mein Haus
Alles aus
Frieden, wo bist du?

Sumaya sagt
Du bist stark und brillant mein Kind
Stell dich gegen den Wind
Der Friede ist in dir
Er kommt nicht mit dem Panzer
Der Frieden sind wir

Die Panzer haben es nicht erkannt
Zu hoch ist die Wand
Ich versteh es nicht
Bin nur ein kleines Licht

Sumaya sagt
Du kannst brennen, ganz hell sein
Jeder Mensch ist es wert
Du bist brillant
Sie haben es leider nicht erkannt

Frieden ist nicht verhandelbar
Er ist nur in dir
Was helfen Verträge, ein Stück Papier
Friede lebt im Gegenüber
In dir und mir

Man will ihn zerstören
Er wird niemand gehören
Er ist in uns, im Wir

Raketen zuhauf
Doch er, er gibt nicht auf
Er kann wachsen

Noch ist's ein Traum
Kein Wasser, kein Brot
Elend und Not

Doch Sumaya sagt
Du bist brillant und stark, wie ein Baum
Du bist es wert
Der Friede wohnt in dir
Du kannst ihn nicht sehn
Doch er ist hier in dir

Ich bewundere Sumaya
Sie ist stark, wie ein Baum
Sie glaubt an den Frieden
Für sie ist er kein Traum

Sie glaubt an die Menschen
Und, dass sie irgendwann verstehn
Man kann nur den Weg
Den des Friedens gehen

Auch wenn du verzweifelst
Resignierst, es bleibt ein Traum

Dann sagt Sumaya
Du bist stark, wie ein Baum
Du hast Wurzeln und eine Krone
Gott kannst du vertraun

Und du bist stark genug
An seinem Friedenshaus zu baun

        Im Juli 2014
        in dieser unendlich schweren Zeit
        habe ich so oft an Sumaya gedacht

Auch nicht recht verstanden

Er greift zu, wer ist denn dann ergriffen?
Wer hat den Wirkungskreis erwirkt?
Wer gegens Wetteramt gewettert?
Merkmale sich mehrmals gemerkt?

Welch Frauenzimmer hat den Zimmermann geküsst?
Wer wohl mit links das recht gelinkt?
Wer sieht den Übungsleiter auf der Leiter üben?
Ringfinger um den Finger ringen?

Wer denkt bei siebenmal an sieben?
Und wenn der Rübezahl mit seiner Rübe zahlen muss?
Wer will denn dann den Frosch noch küssen?

Und wenn der Wasserstand sein Wasser dann am Stand verkauft?
Der Ringer selbst als Glatzkopf im Ring nur noch die Haare rauft?
Wenn selbst die Waage sich beschwert
Dann wiegt der Leichtsinn viel zu schwer
Wertschätzung schätzt den Wert nicht mehr

Dann wird das ach zum Krach das Kr doch brauchen
Die Wand das Ge, sonst wird es niemals angezogen
Die Ecke braucht das D, dass sie uns wärmen kann
Und ich kenn trotzdem keinen Anzug, der sich anziehn kann

Kein Kleid, das sich verkleiden und kein Hemd, das nur gehemmt sein will
Keine Gabe, die sich selbst was gibt und keine Liebe, die sich selbst nur liebt
Wer kennt nen Rock, der nur in Hosen abrockt?
Die Liege, die am liebsten liegen bleibt?
Nen Reibekuchen, der den Kuchen reibt?

Ein Eis, das nur mit h und s den Zustand ganz verändert?
Ein Lesebuch, das selbst ein Buch mal lesen sollte?
Und Wolle, die das t nie haben wollte?
Was Seilschaften auch ohne Seile schafften
Und Mächte mit zwei Gänsefüßchen machten
Der Bettbezug sich nie aufs Bett bezogen
Und selbst die Lüge hat sich wohl nicht selbst belogen
Wenn dann das Auto sich autorisiert noch fühlt
Und sich die Kälte dann noch selbst abkühlt

Dann, denk ich, hab ich selbst auch Ecken wohl und Kanten
Und Vieles, was nicht abgerundet, auch nicht recht verstanden

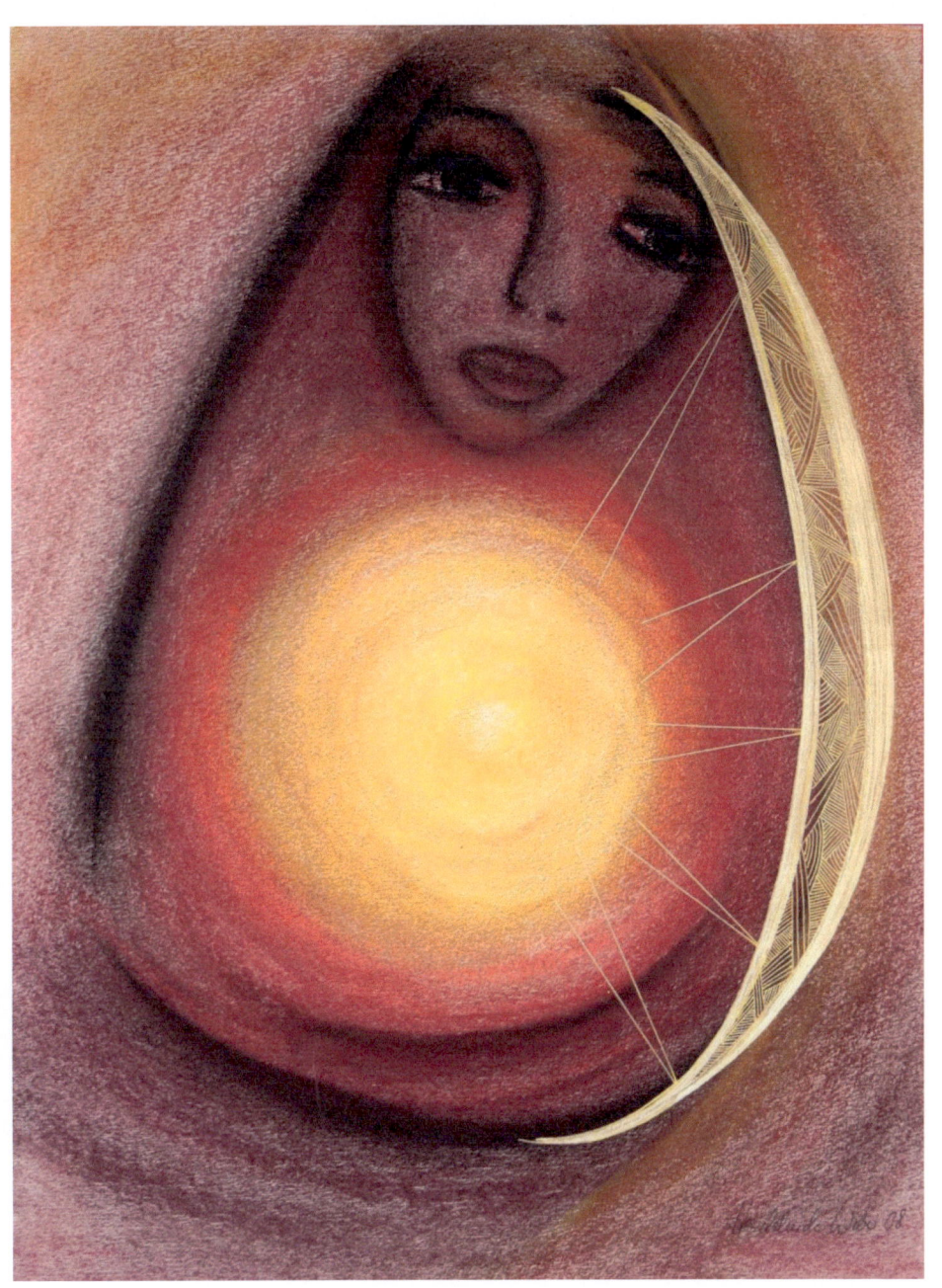

Eine besondere Frau

Mann - Frau

Wir gehen Hand in Hand

Wir gehen Hand in Hand

über blühende Wiesen
durch den dunkelsten Wald
über Stoppeln und Moos

Wir gehen Hand in Hand

auf Trampelpfaden
auf vierspurigen Autobahnen
durch enge Gassen
auf der Überholspur

Wir gehen Hand in Hand

über sanfte Hügel
schroffe Felsen
weiche Sanddünen

Wir gehen Hand in Hand
   mit festem Schritt

      mit ihm

Deine Wahrheit

Deine Hände, meine Zärtlichkeit
Deine Umarmung, meine Kraft
Deine Augen, meine Klarheit
Deine Treue, die Frieden schafft

Dein Strahlen ist meine Sonne
Deine Wärme ist mein Licht
Mein Leben findet Sinn, schau ich in dein Gesicht

Deine Stimme, mein Vertrauen

Auf deine Worte kann ich bauen
Deine Liebe gibt mir Halt
Und wie die Sonne strahlt:

Deine Wahrheit, wirklich wahr,
ist mir Gewissheit, wunderbar

Der Schlüssel

Du bist der Schlüssel um meinen Hals
Für die Antwort auf meine Fragen

Den Schlüssel der Liebe bekam ich geschenkt
Ich werd ihn immer bei mir tragen.

Die Liebe wird nie müde

Die Liebe zieht Wanderschuhe an und Tanzschuhe,

sie sitzt mir gegenüber, hört mir zu,
sie nimmt mich in die Arme
und nimmt mich ernst.

Sie steht morgens mit mir auf
und geht spätnachts mit mir zu Bett,
sie lässt mich ruhig schlafen.

Sie nimmt mich an der Hand
und geht mit mir in den Tag,
ich bin nicht allein.

Sie wärmt mich in kalten Momenten
und kühlt meinen erhitzten Kopf.
ich brauche ihre unendliche Geduld.

Sie begegnet mir in strahlenden Augen,
in kleinen und großen Händen,
wo andere sind, da ist sie auch.

Sie überwindet Entfernungen
Lässt mein Handy klingeln,
schön, dass du anrufst.

Sie lässt mich in verborgene Winkel schauen,
überrascht mich mit bekannten und fremden Stimmen.
Sie ist ein Abenteuer

Sie sitzt manchmal hinter mir
streichelt meinen Rücken,
sie hat ein buntes Kleid an.

Sie lässt sich nicht einsperren,
wo es dunkel und eng ist
sie öffnet helle große Hallen,

Sie besitzt den Schlüssel
zu allen Türen.
Ruh dich ein wenig aus,

sie lächelt und geht weiter,
sie hat noch so viel zu tun.
Ich wünsch mir, dass sie jedem begegnet.

Sie hat viele Namen,
ihr Geburtsort ist bekannt.
Sie ist sanft und verständnisvoll,

manchmal tritt sie mir in den Hintern.
Ich möchte, dass sie immer bei mir bleibt,
die Liebe.

Sie hat es mir versprochen.

Geschmückte und andere Gassen

Wege, keine Einbahnstraßen
Geschmückte, wunderschöne Gassen

Häuserblöcke, Betonbau

Kein Raum, nur Kälte, grob und rau
Riesenvillen, protzig, groß
Rosengärten seelenlos

Rasen auf den Autobahnen,
Blumenbeete angelegt

Kleine Teiche, kleine Wege,
Menschheit, die sich da bewegt

Der Verkehr wird umgelegt,
ohne Hetze, ohne Druck

In den Gassen, an den Fenstern
wunderschöner Blumenschmuck.

In strahlenden Augen

Die Liebe, sie wohnt nur
in hellen Räumen
sie öffnet alle Türen
mit starker Hand

begegnet dir immer
in strahlenden Augen
und schaut dich an
ganz unverwandt

durch andere Menschen
ob groß ob klein

sie wärmt dich, umarmt dich
lässt dich nie allein

Liebe mit Zukunft - kein Märchen

Der Fixpunkt und der Wendepunkt begegnen sich.
Es ist Liebe auf den ersten Blick.

„Bleib bei mir", sagt der Fixpunkt,
„Komm doch mit", sagt der Wendepunkt.

Wir haben einen Standpunkt,
er begleitet uns, er versteht uns,
er ist unser Mittelpunkt.

Wir bleiben zusammen,
Fixpunkt und Wendepunkt
sind ein Liebespaar.

Die Liebe ist immer größer,
strahlend gehen sie gemeinsam ihren Lebensweg.

Nur wir

Auf den Wolken schweben ist ein Geschenk von dir
Eingehüllt in deine Wärme gibt's kein Ich und Du, nur WIR

Sterne uns begleiten
führen uns in Weiten,

wo es uns nur gibt
Flügel, die bekommt nur, wer sich innig liebt.

Unsre Seelen sind verwandt

Es ist schön
dir gegenüber zu sitzen

in deine fröhlichen Augen zu sehen
sie strahlen und blitzen

wir sehen uns auch mit geschlossenen Augen
unsre Seelen sind verwandt

sie haben sich schon vor
unsrer Erdenzeit gekannt

Frauen

Die Tänzerin

Wie's mir gefällt

Kann meine Flügel ausbreiten und fliegen und gleiten
Mich tragen lassen, wie's mir gefällt
Du trägst mich, du hältst mich, du lässt mich nie fallen
Begleitest mich bis ans Ende der Welt

Du bist der Wind, der mir hilft zu fliegen
Die Wolke, die mich ausruhen lässt
Du hilfst mir beim Schweben, beim Nie – genug – kriegen
Und wenn ich mal sinke, dann hältst du mich fest.

Tradition - Neues

Wenn die Richtung stimmt

Am Rinnsal entlang
        du bist richtig mein Kind
        die Richtung stimmt

Am Bach entlang geschwind
        keine Angst
        wenn die Richtung stimmt

Am Fluss entlang kannst lange du gehen
den Sonnenuntergang und die Sterne sehen
        keine Angst mein Kind
        die Richtung stimmt

Manchmal kommen Buchten,
die zum Ausruhen laden
gönn's dir geschwind,
        du weißt,
        die Richtung stimmt

Aufregung am Strand bei Ebbe und Flut
mich packt die Wut
        ruhig mein Kind
        die Richtung stimmt

Hohe Wellen, ich hab Angst
nimm doch das Boot es steht bereit,
schon lange Zeit
        sei nicht bange mein Kind
        die Richtung stimmt

Schau mal her, sagen manche
wie die sich benimmt, die spinnt
        kann man da noch behaupten,
        dass die Richtung stimmt?

Manchmal schwimm ich im Kreis
weil ich den Ausgang nicht find,
        sei dir sicher mein Kind
        die Richtung stimmt

Übers Meer bläst der Wind,
du kannst den Sonnenaufgang sehen
und du kannst ihm entgegen, sogar übers Wasser gehen
dann kannst du dir wirklich
ganz sicher sein mein Kind
        dass die Richtung stimmt

Wie jetzt ?

Mal rechts, mal links und mal dazwischen
So fühl ich mich, du manchmal auch?
Zu allem mach ich mir Gedanken
Mal mit Verstand und mal mit Bauch
Man sieht nur mit dem Herzen gut
So hab ich mal gehört
Bei Menschen, die ganz herzlos sind
Ist das Sehen dann gestört
So könnten Blinde jeden sehen
Außer, wenn sie herzlos wären
Würd's ihnen wie den andern gehen

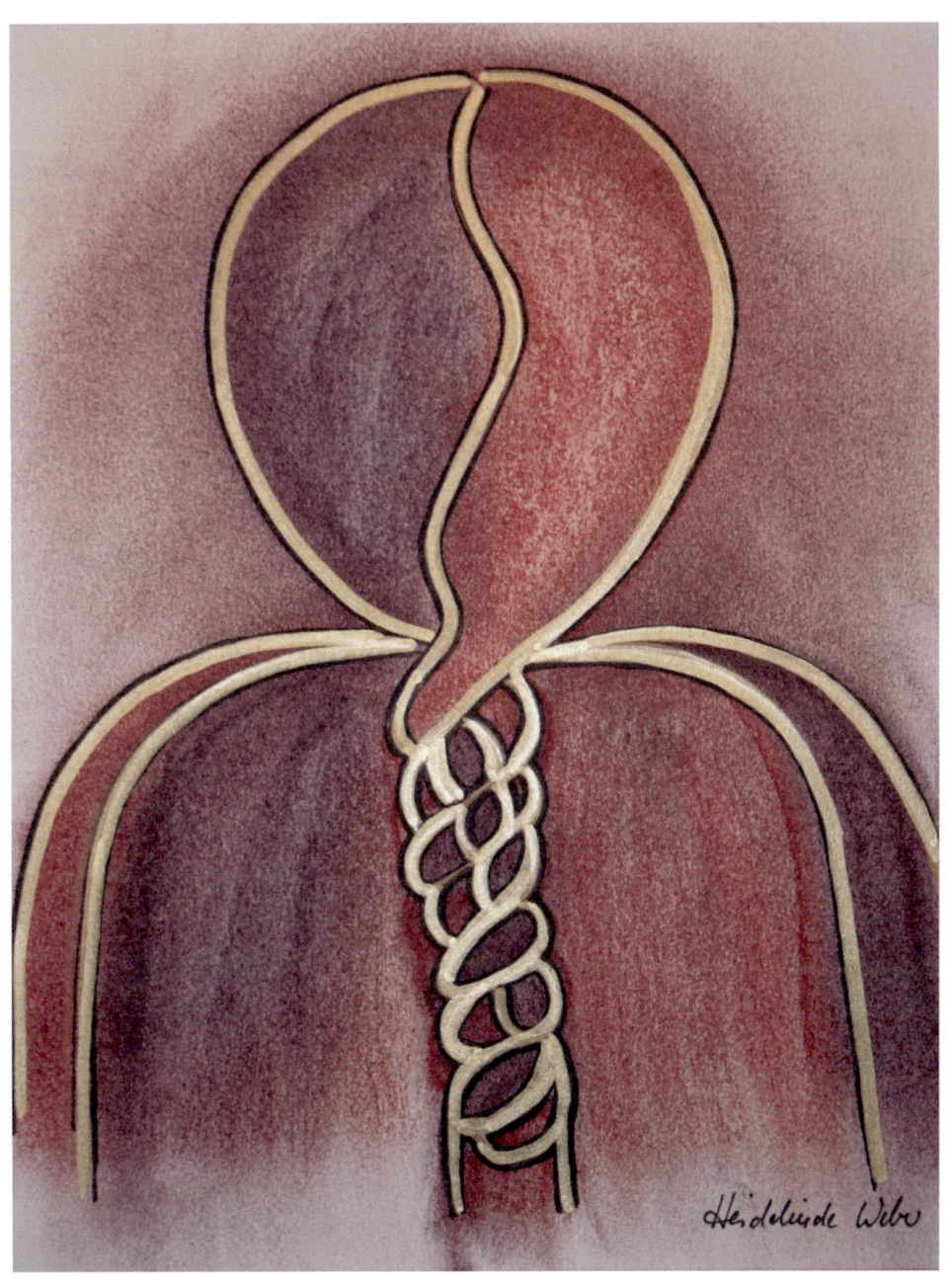

Der neue Zopf

Märchenstunde
    Aus Pax und Gloritz

Ach was muss man wohl von alten
Männern hören, die verwalten
Und zu welchem Zwecke sie
Was verschweigen und das wie

Und das längst schon Überholte,
Das niemand mehr haben wollte
Wird verteidigt und das wie
Festhalten, das können sie

Aufmucken, nicht jeder solle
Weil man das nicht haben wolle
Ach herrje, herrjeminee
Wenn man nur das Fußvolk seh

Die fragen nicht mehr, was sie sollen
Die tun nur das, was sie jetzt wollen
Wollen Neues ausprobieren
Um den Kontakt nicht zu verlieren

zu den Menschen, den gemeinen
Sie tun das nicht mehr im Geheimen
Denn sie sehn, wo's fehlt gerade
Ohne Obrigkeit, wie schade

Denn es wäre schön gewesen
Hätten die auch da gesessen
Um sich alles anzuhören
Und nicht dagegen sich nur wehren

Igeln sich im Süden ein
Woll'n nicht mit uns verbunden sein
Ach, wie ist es doch so schade
Und das wissen sie gerade

Dass wir dann uns trotzdem regen
Und standhaft sind auf unsern Wegen
Und dann ist es eins, zwei, drei
Mit den Vorschriften vorbei

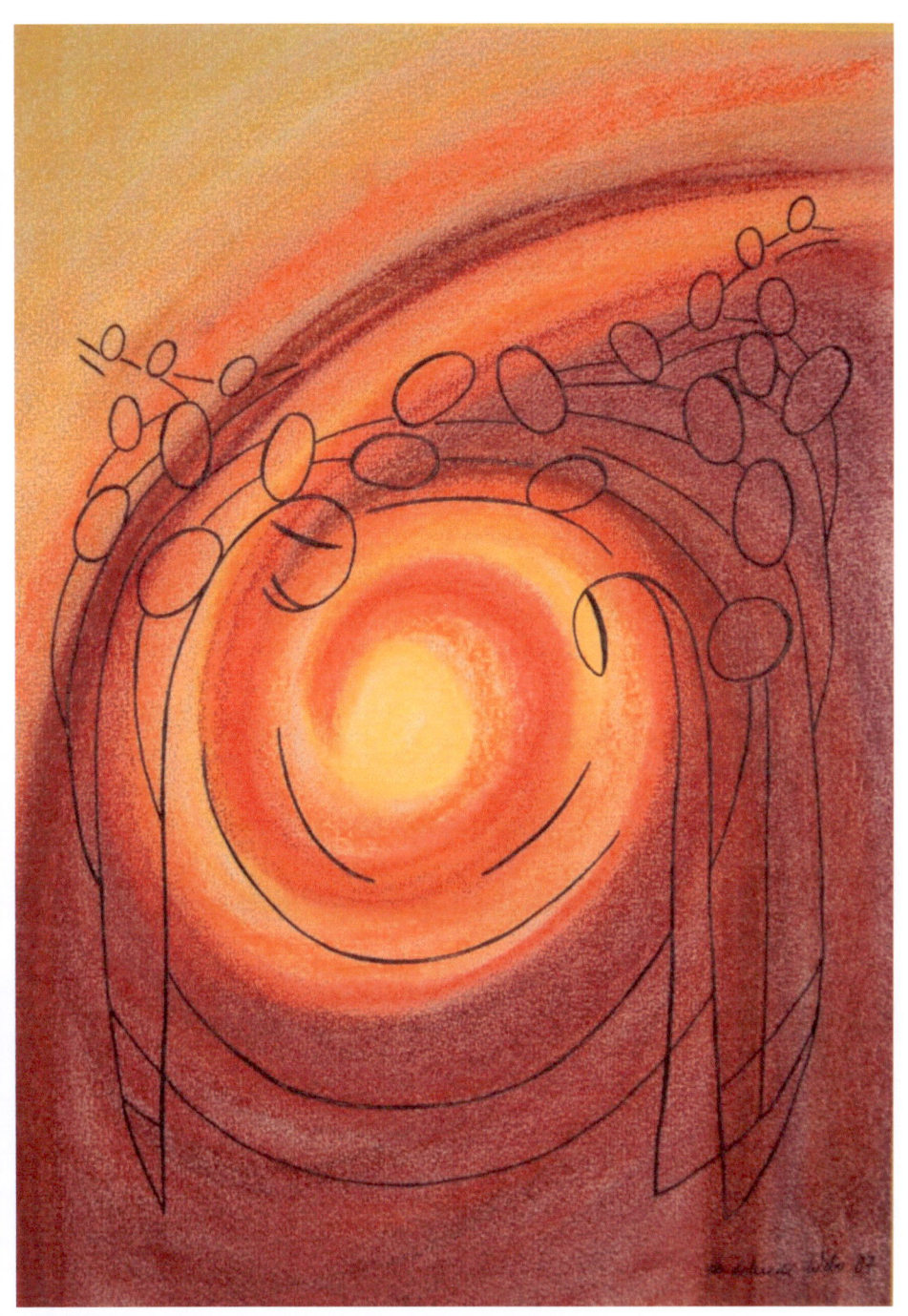

Aus Nah und Fern

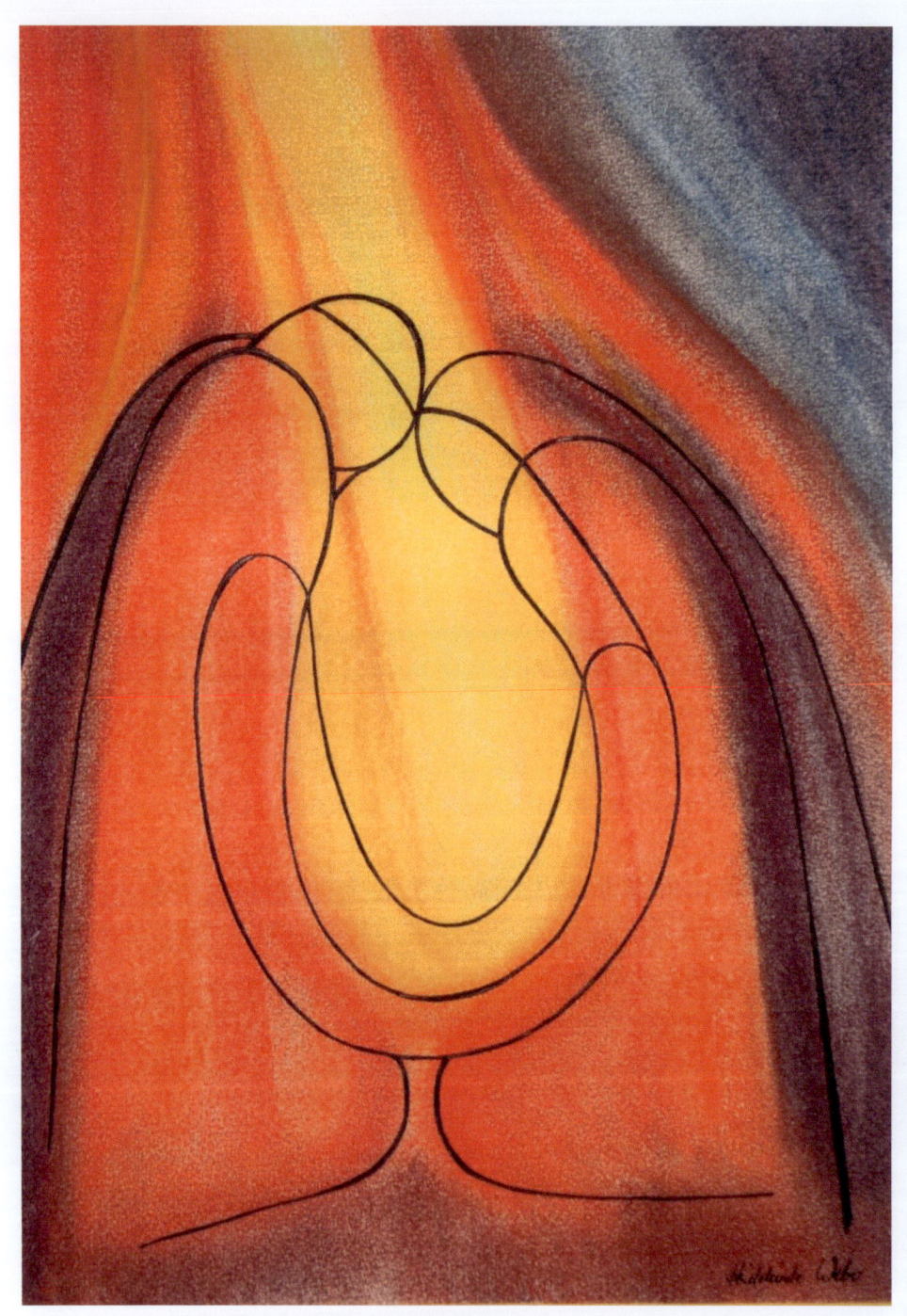

Das Licht

Wirf die Tische wieder um (ein Lied)

Refr.
Wirf die Tische wieder um, jag uns alle raus
Zeig, was wirklich wichtig ist, was du bei uns vermisst

1
Was ist das für eine Welt, wo die Liebe nicht mehr zählt
Als Papier und Stempel und das in deinem Tempel
Wo die ersten vorne stehen und die hinten gar nichts sehen
Wo man sortiert in falsch und richtig, als wäre das für Menschen wichtig

Refr.
Wirf die Tische wieder um, jag uns alle raus
Zeig, was wirklich wichtig ist, was du bei uns vermisst

2
Wo man taub ist und nicht hört, arrogant den Rücken kehrt
Verbietet, vieles anders sieht und vor Glanz und Glimmer kniet
Nicht zusammen führt, was trennt, nur seine eignen Räume kennt
Überspielt, rechtfertigt nur, rückwärts auf der Einbahnspur

Refr.
Wirf die Tische wieder um, jag uns alle raus
Zeig, was wirklich wichtig ist, was du bei uns vermisst

3
Lieber Gott, ich will dich fragen, wie hältst du denn das nur aus
Was hier geschieht in deinem Namen und das in deinem eigenen Haus

Refr.
Wirf die Tische wieder um, jag uns alle raus
Zeig, was wirklich wichtig ist, was du bei uns vermisst

Ich habe meinen Schatz versteckt

Ich habe meinen Schatz
In einem kleinen Raum versteckt
Schön eingepackt, dass nichts passiert
Mit einem Samttuch zugedeckt

Ich hab ihn ganz für mich allein
Pass sehr gut auf ihn auf
Damit ihn ja kein anderer sieht
Setz ich mich auch noch drauf

Doch eines Tages denk ich mir
So nützt er mir doch nicht
Den Wert, sein Glänzen und sein Strahlen
Das sieht man nur am Licht

Ich mach die Tür auf, lass ihn raus
So, dass er fliegen kann
Jetzt kann er strahlen, leuchten, glänzen
Und freuen kann sich jeder dran

Für meine Kinder

Perlen glänzen aufgereiht, Stück für Stück, ein großer Schatz
Nicht gesucht, schon vorbereitet, ausgewählt, ein schöner Platz

Offen ist der Mittelpunkt, Zentrale, Nest, ganz warm, gefällt
Gespräche, Lachen und Umarmung, es ist der schönste Platz der Welt

Ich darf zuseh'n, wie Vögel fliegen, Flug und Ziel, alles schon klar?
Ich lass sie starten, fliegen, landen und finde das ganz wunderbar

Für meinen Mann

Ich kann dir vertraun und konnt' mich dann trau'n
Mit kleinen Steinen ein großes Haus zu bau'n
Doch, uns're Liebe ist grenzenlos
So wurd's ein wunderschönes Schloss
Es steht zentral in dieser Welt
Unser Liebesfundament
Ist stark und hält

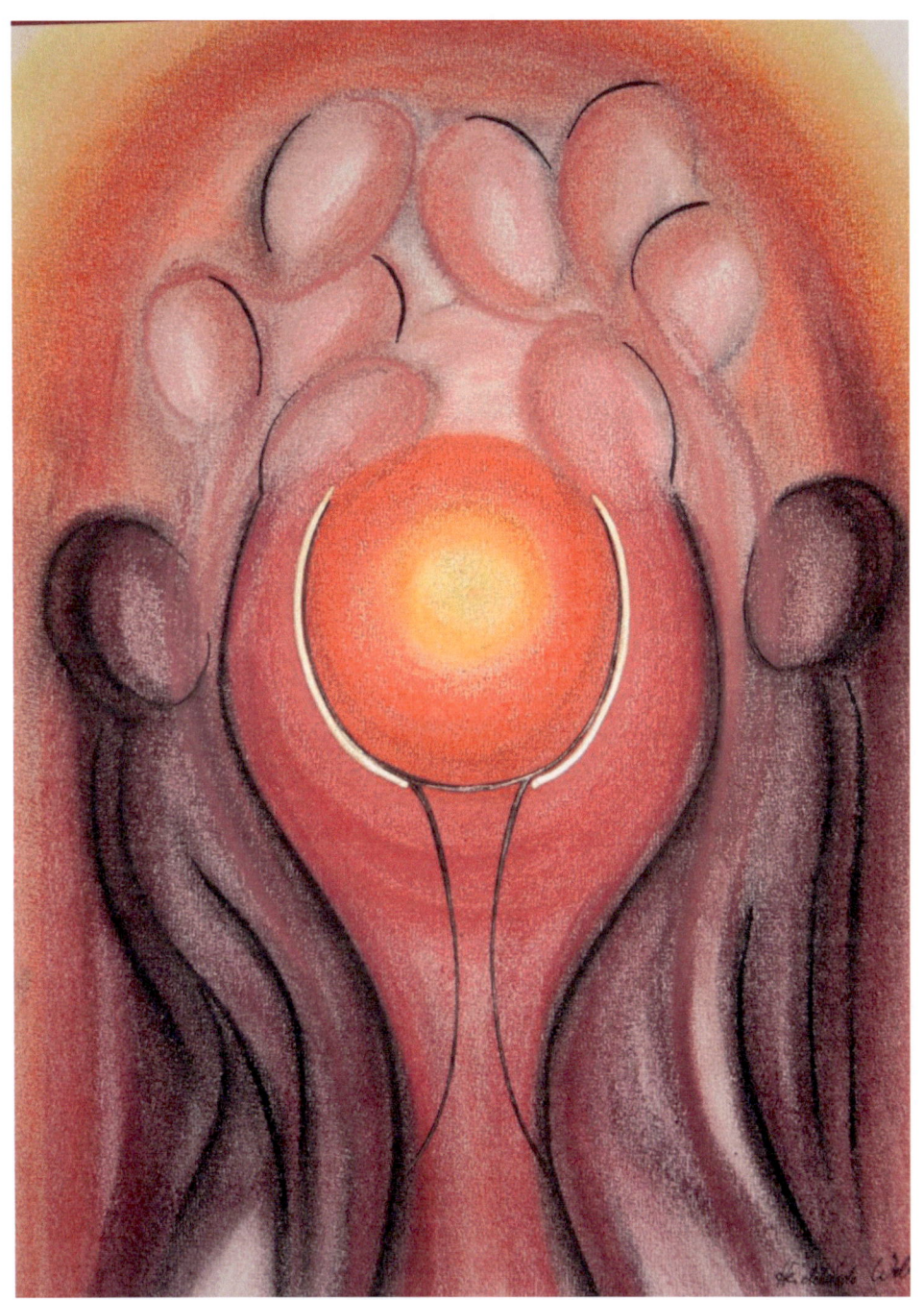

Reicht für Alle

Herstellung und Verlag:
BoD - Books on Demand, Norderstedt
ISBN 978-3-7412-0754-9